PROSPERIDAD

PARA

TODOS

¡Si podemos! ... pero ¿cómo y cuándo?

¡Cómo desarrollar una visión clara, metas realistas, optimismo y la confianza en sí mismo en nuestro mundo agitado!

Walter Berger
Taschengeld Management

Todos tenemos el derecho básico a una vida plena.
Eso es mucho más que una breve victoria en la lucha diaria
por comida suficiente, ropa cómoda, una casa cálida o unas
vacaciones baratas con todo incluido.

.

CONTENIDO

INTRODUCCIÓN
ROY EUGENE DAVIS

HACER TODO LO QUE MEJORA SU INTENCIÓN PARA SER PRÓSPERO. Armoniosamente integrar los aspectos espirituales, mentales, emocionales, físicos, sociales, vocacionales, recreativos, económicos y ambientales de su vida. Asista a sus prácticas espirituales formales primero.

Cultiva el optimismo, la confianza y el pensamiento racional. Ser innovadores y dispuestos a aprender. Imagínese que usted tiene lo que necesita o desea para su bienestar. Recuerda que su mente es parte de una mente universal que responda a sus deseos e intenciones. Mejora sus poderes de concentración y el discernimiento. Evite el pesimismo, la duda, la preocupación, y la fantasía.

Para el bienestar emocional, fomente la calma, el contentamiento del alma, la alegría y la paciencia. Evite inquietud, sentimientos de soledad o desesperanza, la ansiedad y la inseguridad.

Para el bienestar físico, cultive su salud con una actitud mental positiva con alimentos nutritivos (orgánica si es posible), el ejercicio adecuado, el sueño y la recreación suficiente, el aire fresco, y por lo menos treinta minutos de exposición diaria a la luz natural. (Luz de espectro completo ayuda a las glándulas endocrinas del cuerpo a funcionar de manera eficiente.) Evite los estados mentales, estados de ánimo, las actividades y las relaciones personales que debilitan o desperdician energías mentales y físicas.

Para la armonía social, referente a los familiares, amigos y otras personas, exprese las virtudes de la compasión, la bondad, la generosidad y amabilidad. Evite buscar defectos, intentar controlar o dominar, y la dependencia emocional.

Vea su vocación como un servicio y realize todas las acciones con habilidad. Si usted no está satisfecho con el trabajo que hace, aprende hacer lo que hará destacar mejor sus conocimientos y habilidades. Si se encuentra temporalmente fuera del trabajo, afirma con convicción: "Hay un lugar adecuado en este mundo para mí." ¡Entonces descubrelo crealo! Evita la pereza, la dilación, la complacencia o el aburrimiento.

Alegremente relajase de vez en cuando. Camine, nada, monta en bicicleta, juga al tenis, al golf o al croquet, tome un crucero por mar o ir en bote en un río o lago, asista a un concierto de música o una obra de teatro, o haga otras cosas para refrescar su mente y cuerpo.

Sabiamente administre y cuide de las cosas materiales. Regularmente ahorre algo de su dinero y de manera segura inviertelo para necesidades futuras. Las orientaciones proporcionadas por el autor de este libro serán muy útiles. Tenga un asesor fiscal que le ayude a redactar un testamento que exprese sus deseos con respecto a cómo quiere que sus bienes materiales y dinero sean distribuidos después de su fallecimiento.

Mantenga las áreas de hogar y de trabajo limpias. Recicle el papel, plástico, metal, vidrio, y otras cosas que ya no se utilizan. Conserve el gas, la energía eléctrica, el agua, y no envenene o dañe el medio ambiente.

Elija pensamientos, emociones, comportamientos, relaciones, actividades y condiciones ambientales que mejoren su vida y que contribuyen a su bienestar total. Evite pensamientos, estados de ánimo, comportamientos, relaciones, actividades y condiciones ambientales que pueden ser perjudiciales para su salud física, psicológica y espiritual. Hacer eso es más fácil que tratar de recordar una larga lista de cosas que hacer o evitar.

Considere su vida como una oportunidad de ser plenamente consciente de su verdadera naturaleza y vivir sin limitaciones.

Roy Eugene Davis **es el fundador y director del Centro para la Conciencia Espiritual con sede central en Estados Unidos y sucursales en varios países. Es un orador muy viajado y autor de muchos libros.**

PREFACIO

¡Como este libro de ejercicios le puede ayudarle a usted también!

"La prosperidad es el estado floreciente, próspero, buena fortuna y/o condición social exitosa. Prosperidad a menudo abarca la riqueza, pero también incluye otros factores que son independientes de la riqueza en distintos grados, como la felicidad y la salud." (http://en.wikipedia.org/wiki/Prosperity, 15 Diciembre 2011originalmente en Ingles)

"¡DEMASIADO TIEMPO PARA TAL CANTIDAD PEQUEÑA DE DINERO!" Tal vez un poco cínico, pero es una experiencia diaria para muchas personas. La vida se ha vuelto cara y el dinero que entra a menudo no dura hasta el fin del mes. El aumento de los costos y los ingresos inciertos generan tensión financiera, física y psicológicamente. Muchos pueden sentirse como "consumidores normales" o "pagadores de facturas comunes". Desafortunadamente, raras veces se les ofrecen una liberación de "un cambio de vida" o formas prácticas de reducir los gastos de manera sostenida. Cada individuo es responsable de conseguir un control sobre sus finanzas personales y el dominio de los retos que se enfrentan todos los días.

Pero ¿cómo? ¿Cuál es realmente mi situación financiera y que puedo hacer en este momento? ¿Cuáles son las decisiones correctas y cómo debo actuar ahora mismo? La definición de "prosperidad" (Wikipedia, mirarlo más arriba) suena muy bien. Pero ¿cuáles son los requisitos previos para la prosperidad y cómo es posible desarrollar perspectivas optimistas que también le resulten muy útil en situaciones difíciles?

Este "libro de ejercicios electrónico" es una guía sencilla para ayudarle a apuntar su situación financiera actual de una manera estructurada. Será capaz de ver los ingresos que puede tener en cuenta con más claridad, en que gasta el dinero, cuáles son sus deudas, que reservas están a su disposición, cómo se siente sobre el tema del dinero y las finanzas, o donde tiene o podría tener un problema.

Aprenderá maneras sencillas de reducir deudas y de crear reservas. Dibujara detalladamente un presupuesto de ingresos y de gastos y un estado financiero actual.

Al final de cada sección puede anotar metas e hitos importantes y decidir lo que quiere lograr y cómo debe actuar ahora. Esta orientación tendrá un efecto motivador en su vida cotidiana y le estimulara para actuar de forma coherente. Ejemplos prácticos y plantillas de copia fáciles de entender facilita la aplicación en su vida día a día.

¡La vida es un cambio constante que requiere un ajuste continuo! Con una visión general, con conocimientos, y experiencias e inteligencia que le permitiran tomar buenas decisiones.

Buenas decisiones que le situarán a largo plazo en una buena posición que requiere una visión buena, conocimientos, experiencias e inteligencia. Confíe en sus propios actos y en el desarrollo continuo apoyando la objetividad y la compostura apropiada, como también cuando se trata de las avalanchas de noticias diarias.

Acción disciplinada y ajustes apropiados son propicios para la orientación en la vida diaria y un estado de ánimo predominante de optimismo como una base importante para una vida próspera.

¡Por favor, no olvide que este es un "libro de ejercicios electrónico" y no una novela entretenida para escapar de la realidad por un momento! Comience por leer la lista de contenidos y luego trabaja a través de los distintos capítulos. Siéntase en algún lugar donde no le molesten. Los documentos necesarios deben estar a mano. Resalte y subraye pasajes importantes y haga sus propias notas. Tómese el tiempo suficiente y responde a todas las preguntas con sinceridad y en su totalidad - especialmente los más desagradables. ¡Comience ahora mismo!

Y otro consejo: Por favor no diga a nadie de su decisión y su plan. ¡Ellos sólo discutirán hasta la muerte! Puede que tenga que justificar su decisión o incluso defenderla. Entonces pronto podría perder su motivación y subconscientemente poner excusas en situaciones donde tratar con cosas se vuelve incómodo. ¡Sólo hágalo porque siente que ahora mismo tiene sentido!

Es de gran ayuda planificar un cierto tiempo cada día para trabajar con el libro. Si algunas preguntas no pueden ser respondidas de inmediato, sólo tiene que pasar a la siguiente parte. Todos los resultados individuales crearan una imagen más grande que hará que su situación actual se aclare y mostrara cuales son los siguientes pasos correctos. ¡El todo es más que la suma de sus partes!

El libro electrónico también está disponible en forma impresa como una carpeta de anillas en formato A4 para que sea más fácil trabajar a través de él. El formato del paisaje le ayudará ver todo el cuadro y hace que sea más fácil entender cómo se conectan las cosas. Esto puede estimular creatividad para nuevas ideas y presentar soluciones sorprendentes. El formato de la carpeta de anillo le permite tomar rápidamente las páginas individuales o secciones enteras, por ejemplo para iniciar un archivo más completo.

Compile una fuente valiosa para las decisiones financieras y personales importantes.

Todos tenemos el derecho básico a una vida plena. Eso es mucho más que una breve victoria en la lucha diaria por comida suficiente, ropa cómoda, una casa cálida o unas vacaciones baratas con todo incluido.

Walter Berger, Taschengeld Management

1 VERIFICACIÓN DE DINERO

¡Un pequeño fuego es hollada rápidamente,

lo que sufre, los ríos no pueden apagar!

William Shakespeare, Henry VI.

El objetivo de verificar el dinero es para determinar el balance del dinero.

IMAGINASE, ES LUNES POR LA MAÑANA, comenzando una nueva semana de trabajo largo y duro, casi al final del mes y del dinero. La semana pasada el club de futbol estaba desmotivado y perdiron un partido del juego que fue muy aburrido. El otro equipo fue un poco mejor y tuvo más suerte aquel día. El día esta triste y no para de llover. Hoy no tiene sentido esperar un rayo de sol. ¡Allí - una sonrisa! ¡Seguro que quiere algo de mí! ¿Conoce este estado de ánimo?

Es un momento ideal para examinar su propio estado de ánimo y actitudes y las de los demás. Haga las siguientes preguntas en un día como éste: "¿Cómo está?" o "¿Qué está haciendo?" y luego escucha atentamente las respuestas.

Quejándose, enfermedades, estudiando detenidamente los problemas, buscando al culpable, la última crisis, el cinismo, la agresividad o logros, planes, oportunidades, alegría, buen humor, una sonrisa, risas. Escuche las respuestas y observa las reacciones. Descubrirá mucho sobre los pensamientos, actitudes, fijaciones, acondicionamiento, sobre estados de ánimo positivos o negativos y acerca de lo que mueve a la gente, que los impulsa y les hace reaccionar.

Evite conversaciones superficiales e información destructiva de los medios de comunicación. Simplemente continue, no piense en nada y no lea la última versión de "Danos hoy nuestro problema diario". ¡No tome todo personal! Estados de ánimo e ideas negativos son fáciles de desarrollar y es difícil deshacerse de ellos de nuevo. Se les pega durante mucho tiempo y le seguirán en su sueño. ¡Mantenga una actitud positiva y realista!

Esta sección le ofrece una oportunidad para hacer un emotivo "verificación de dinero". ¿Cómo está? ¿Está contento, optimista y bien adaptado? ¿Qué hace? ¿Cómo se ocupa de sí mismo y qué es lo que le preocupa? ¿Cómo se siente y qué ocurre realmente? ¿Cuál es el problema y cuál sería la situación ideal?

¡Eche un vistazo a su vida! Describa su situación actual vívidamente. ¿Qué emociones suben? ¿Qué es lo que piensa y siente? ¡Escríbelo y no deje nada guardado! ¿Qué es lo que realmente quiere? ¡Sea específico! ¿Cómo sería una situación ideal? ¿Qué será cuando se convierte en realidad? ¿Cómo se sentirá?

¡Todo es temporal! ¡Pero algunas cosas simplemente tardan un poco más!

Roy Eugene Davis

¿Como esta? *"Verificación de dinero" emotivo*

Describa su situación actual (personal, profesional, financiera etc.) y déjase guiar por las siguientes preguntas.

- ¿De qué manera me satisface ésta situación? ¿Qué es bueno y agradable?

- ¿Qué me preocupa? ¿Qué me hace enojar? ¿Qué me estresa?

- ¿Cómo surgió la situación actual? ¿Cuáles son sus causas?

- ¿Cómo evolucionara mi situación, en los próximos 6 meses y en los próximos 5 años?

- ¿Qué ventajas y qué desventajas tendrá este desarrollo?

- ¿Cómo sería una situación ideal?

- ¿Qué podría yo hacer para realmente ser feliz y contento?

- ¿Qué haré? ¿CÓMO SOLUCIONAR EL PROBLEMA? ¿QUÉ ES NECESARIO?

Notas sobre:

Calculación:

¡Si quiere que le tomen en serio, entonces primero tomese a sí mismo en serio!

2 GASTOS

¡Soy rico porque puedo pagar todas mis cuotas!

El término "gastos" se examina bajo dos aspectos en èsta sección:

1.El acto de gastar dinero, es decir, cómo y por qué se gasta el dinero.

2.El tipo de gasto, es decir, lo que se compra o en que se gasta el dinero.

HACE TIEMPO LA ESTACIÓN DE TV ARTE transmitió una pelicula muy interesante titulado "Ich kaufe, also bin ich" ("Compro, luego existo"). Se demostró que, en promedio, un ciudadano de los EE.UU. consume alrededor de 25,000 anuncios al año. 25.000 veces no es sólo un producto presentado al espectador, sino también una escala de valores y una actitud ante la vida. Estímulos superficiales que dirigen las necesidades y ansiedades profundas que tratan de despertar el deseo de comprar, con gran éxito.

En el pasado, el mensaje publicitario principal era "¡Compra ésto o aquello y entonces podrá mantenerse al día y ser popular!" Hoy el mensaje predominante es "¡Compre ésto y entonces será feliz!" Hoy se gasta 20 veces más dinero en publicidad infantil que en 1980.

¿Siempre tome decisiones de compra consciente y racional cuando haga sus compras diarias de supermercado, cuando vea ropa en oferta especial, ofertas increíbles, cuando compra un coche nuevo o cuando planea sus próximas vacaciones de ensueño? ¿Sólo compre las cosas que necesita y que estén en su lista de compra?, o ¿a veces hace compras impulsivas o incluso compras cosas por frustración? ¿A menudo se premia a sí mismo haciendo las compras? Cuando observa su armario ¿a veces se pregunta "¿Por qué compré esto?" o peor "quien compro esto?".

Utilice esta sección para reflexionar sobre su comportamiento como consumidor, sin buscar culpables y sin tratar de justificar las decisiones de compra extrañas en el pasado. Obtenga una visión general de sus gastos hasta la fecha. Esto le demostrara en que gasto tal cantidad de dinero en el pasado. Verá lo que son sus necesidades básicas y de cuánto dinero gasta en mantener el estilo de vida que ama. Llega a conocerse a sí mismo un poco mejor y luego decide por si mismo dónde están sus prioridades de gasto.

¡Si sigue el rebaño acabara como una chuleta de carne!

¿En que gasto el dinero?

Escriba en que se gasto el dinero el mes pasado.

- ¿Cuánto dinero gastó en cada tipo de cobro?

- ¿Cuáles fueron los gastos necesarios para vivir?

- ¿Qué porcentaje de su gasto total se asigna a cada tipo de pago?

Tipo de gasto	€	¿Realmente necesario? si/no	%

Si no sabe en qué se gasta el dinero...

¡...aquí tiene una forma de averiguarlo!

- Anote todo en lo que se gasta el dinero.

- Asegúrese de que todo está cubierto. **¡Toda información es importante!**

- Paga si es posible todo en efectivo.

- Evita si es posible el pago con tarjetas de crédito o cheques.

- Recoge todos los recibos y ordenarlos por fecha.

- Una vez a la semana anote todos sus gastos en un libro de cuentas o un diario.

- Identifica los tipos de gasto y pon prioridades.

Utilice este diario de gasto para su cartera:

Mis GASTOS				
Fecha	Cantidad	Que	Método de pago	Prioridad
Prioridades: A = necesario, B = importante, C = agradable, D = innecesario				

¡Llege a conocerse un poco mejor!

Una visión general de mis gastos

Para tener una visión general de sus gastos procede de la siguiente manera:

- Recopile y ordene los recibos y extractos bancarios.

- Anote todos los gastos en efectivo (ver página anterior).

- Identifice los tipos de gastos, por ejemplo, alquiler, comida, luz, teléfono, seguro, coche, etc.

- ¿Cuánto gasta en cada tipo de pago al mes?

- ¿Qué pagos anuales se hicieron?

- Examine cada tipo de gasto en términos de la cantidad y la necesidad.

- Establece prioridades (¿Qué es importante para usted?).

- Establezca un presupuesto mensual para cada tipo de gasto.(Cuota mensual y 1/12 de la suma anual (si está disponible) le da la cifra que desea ajustar.)

Ejemplo para crear una visión general de sus gastos:

GASTOS	Gasto actual / mes	Anual, urgente, necesidades extraordinarios	Presupuesto mensual	Prioridad
Alquiler	€365.00		€365.00	A
Gastos adicionales	€65.00	€170.00	€79.17	A
Electricidad	€59.00	€160.00	€72.33	A
Comida	€250.00		€250.00	A
Ropa	€50.00		€50.00	B
Peluquero	€15.00		€15.00	B
Teléfono/Móvil	€25.00		€25.00	B
Seguro personal		€35.00	€2.92	A
...				
Gastos total/mes	€829.00	€365.00	€859.42	

Notas sobre mis gastos:

¿Donde hay una necesidad urgente de tomar medidas?
¿Qué voy a hacer?

Calculación:

Notas sobre:

3 INGRESOS

¿Cuánto debo ganar?

"...para los hogares e individuos, "el ingreso es la suma de todos los sueldos, salarios, beneficios, pagos de intereses, rentas y otras formas de ingresos recibidos... en un periodo determinado de tiempo."

(http://en.wikipedia.org/wiki/Income, 11. Noviembre 2011 Originalmente en Ingles)

"¡AHORA SOY UN RECEPTOR DE BENEFICIOS!" dijo un viejo amigo con una amplia sonrisa. Cuando pregunté, añadió que hace unas semanas le dieron, bien merecido la jubilación. ¿También es un receptor de beneficios o está ganado su dinero? ¿Se contrataría a sí mismo y que sueldo se pondría? ¿Vale su trabajo, el servicio o el producto de su empresa o sus clientes considerablemente más de lo que pagan por él?

Puede ser doloroso, pero sin duda muy útil y a veces beneficioso cuestionarse estas preguntas con sinceridad. "¿(Todavía) vale la pena?" Sus empleados, especialmente, sus clientes deben preguntarse a sí mismos ésta pregunta esencial todos los días. Haría lo mismo en su lugar, ¿no es así?

No hay ninguna garantía de empleo a largo plazo con una retribución seguro y un plan de pensiones generoso. El principio del éxito para buenas oportunidades en el mercado de trabajo, un trabajo seguro o unas buenas ventas es simple: Mi trabajo o mi producto debe valer mucho más para mi empresa o mis clientes que lo que ellos tengan que pagar y ellos deben de estar conscientes.

Pero tenga cuidado: Si se centra exclusivamente en el mejor valor monetario pronto se convertirá en una toma barata. Esto a menudo conduce a precios que no satisfacen y guerra de descuentos y cultiva un clima competitivo, agresivo y negativo. Al final nadie se siente como un ganador. El jefe piensa: "Mi personal es demasiado caro, yo les pago demasiado." El empleado piensa: "Qué miseria, estoy siendo explotado." El comprador podría pensar: "Podría haber conseguido aun más", y el vendedor se considera estafado porque no le pagaron adecuadamente por su trabajo.

Coloca el foco con más intensidad en el valor de utilidad, los beneficios, las ventajas y las posibilidades de su empresa y sus clientes. ¡Preséntese como un proveedor de soluciones! Un estado de ánimo creativo y positivo crea satisfacción a largo plazo. Usted es usted una persona a la que la gente le gusta ser su compañero de trabajo. ¡Seguir las órdenes es la norma!

¿Cuánto puedo ganar?

¿Le preocupa la seguridad de su trabajo? Entonces examine la situación con las siguientes preguntas: ¿Quién necesita mi trabajo? ¿Puede otra persona hacerlo de forma más barata y rápida? ¿Hay alternativas mejores? ¿Cómo beneficia mi trabajo y mis servicios mi empresa o mis clientes? ¿Qué es lo que carece mi empresa para estar / seguir siendo competitivo? ¿Cómo desarrolla la gama de productos de mi empresa? ¿Afectará ésto a mi forma de trabajar o a mi trabajo? ¿Qué valor adicional puedo ofrecer?

Si actualmente está buscando un trabajo debe ser consciente de los beneficios que puede ofrecer a la empresa en cuestión. ¡Si usted está convencido, y es capaz de mostrarlo, entonces tendrá una buena oportunidad para convencer a los demás!

En la sección anterior se ha compilado una visión general de su gasto. Ahora tiene más claro la cantidad de dinero que gastó en el pasado y en qué lo gasto. Prioridades de gasto (A, B, C,...) facilitan una división entre las necesidades básicas esenciales derecho hacia las compras de frustración-motivadas. Si se hace necesario tener ahorros en el futuro entonces será mucho más fácil tomar decisiones sabias. El importe del gasto total muestra la cantidad de dinero que ha costado su estilo de vida anterior y cada tipo de gasto individual. Si no desea realizar ningún cambio importante en esto, puede usar los totales como base de planificación del presupuesto de gastos. ¡Por favor, tenga en cuenta que en esto los aumentos de precio o los gastos inesperados no están considerados!

En esta sección establecerá los ingresos que ha tenido hasta la fecha y la cantidad de dinero que puede tener en cuenta. La cantidad de ingresos en el futuro debería estimarse de forma realista. Examina sus ingresos hasta la fecha en detalle con el fin de identificar formas de mejorar su situación de ingresos actual.

Hacer una predicción de los ingresos es un asunto sencillo para los empleados, ya que tienen un sueldo o salario garantizado en un contrato. Sin embargo, también es importante examinar los elementos variables de la remuneración (pago extra, bonificaciones, etc.) en términos de fiabilidad y capacidad para planear.

Esto es un poco más difícil para las personas que trabajan por cuenta propia. Sus gastos de vida provienen de los beneficios de su trabajo o de las reservas. En este caso, el estimado ingreso futuro es mucho más especulativo, debido a que el ingreso estimado aún no se ha ganado y los costos, impuestos y cotizaciones a la seguridad social también están aun sin pagar. Por lo tanto, tiene sentido establecer el gasto privado anual previsible como el beneficio mínimo y calcular la facturación mínima necesario para esto.

¡Una evaluación cuidadosa de los futuros ingresos permite una planificación realista!

¿Cuánto ha ganado en su vida hasta ahora?

- Anote todas las posiciones y empleos que ha tenido (incluyendo trabajos de vacaciones, trabajos temporales, etc.)

- ¿Cuánto dinero ganó en cada puesto de trabajo?

- ¿Cómo consiguió el trabajo? (Use una página adicional si es necesario)

En qué trabajo:	Dinero ganado: €	¿Cómo/ por quien encontró este empleo?
Total:	Σ	

¿Se contrataría a sí mismo y que sueldo se pondría?

- ¿Cuál es su trabajo actual y cuánto dinero gana?

- ¿De dónde viene su ingreso mensual?

- ¿De qué dependen la seguridad de su puesto y la duración de su contrato?

Notas sobre: Calculación:

Ejemplo para crear una visión general de sus ingresos:

INGRESOS

	Ingresos mensuales actuales	Pagos especiales	Presupuesto mensual	¿Ingresos seguros?
Empleo	€1,480.00		€1,480.00	Si
Paga de vacaciones		€600.00		No
Bono navideño		€160.00		No
Prestaciónes de los hijos	€328.00		€328.00	Si
Ingresos totales del mes	€1,808.00	€760.00	€1,808.00	

Un vistazo detallado de mis ingresos

Por favor, examine su trabajo y sus ingresos previstos con las siguientes preguntas:

- ¿Le gusta su trabajo? ¿Le gusta lo que hace?

- ¿Cómo se siente cuando piensa en su trabajo, sobre todo el Domingo por la tarde o el Lunes por la mañana?

- ¿Cómo de seguro esta su puesto y la cantidad de sus ingresos?

- ¿Cuáles son los pagos especiales pendientes en el futuro?

- ¿Podría administrar financieramente con menos ingresos o incluso perdiendo su trabajo? ¿Por cuánto tiempo?

- ¿Qué costes indirectos tiene por su trabajo? (gasolina, coche, tren, etc.)

- ¿Existen nuevas oportunidades para generar ingresos? ¿Qué son?

- ¿Hay mejores ofertas de empleo?

Notas sobre: Calculación:

¡Ingresos inciertos lleva a una tensión financiera!

NOTAS sobre mis ingresos:

¿Dónde hay una necesidad urgente de tomar medidas?
¿Qué voy a hacer?

Notas sobre: Calculación:

4 RESERVAS

"Un activo es un recurso controlado por la entidad como resultado de sucesos pasados, de los cuales se espera obtener futuro beneficios económicos para que fluyan hacia la entidad."

(Originalmente en Ingles http://en.wikipedia.org/wiki/Asset, 28 Deciembre 2011)

"En pocas palabras, los activos representan la propiedad de valor que se puede convertir en dinero en efectivo (aunque el dinero en efectivo en sí también se considera un activo)."

(Originalmente en Ingles http://en.wikipedia.org/wiki/Asset, 28 Deciembre 2011)

¡SER RICO Y SOLVENTE NO ES LO MISMO! A principios de 2011 un documental de televisión mostro los estadounidenses que habían perdido su puesto de trabajo en la crisis financiera y ahora estaban sin hogar. Lo sorprendente fue que ellos estaban viviendo en sus casi nuevo coches de lujo que ya nadie quería comprar. Una de las familias entrevistadas había estacionado su caravana en el jardín de unos amigos. Un hombre tenía su pequeña hija en su regazo y con cansancio describió su lucha diaria para conseguir suficiente comida.

Las reservas son esenciales. Una ardilla que guarde comida para el invierno actúa por instinto. Y los seres humanos, también, siempre han almacenado alimentos para emergencias o malos tiempos. Comida, agua, petróleo, energía (aunque sea de formalimitada) y aún mucho más se guarda como reservas de emergencia civil. La pregunta clave para la cantidad y la necesidad de las reservas es siempre: "Si yo ya no puedo tener esto o aquello a partir de hoy, o esto no está más disponible por cualquier razón, ¿por cuánto tiempo puedo seguir adelante y sobrevivir?" Esta debe ser la motivación más importante y el objetivo para no gastarlo todo y poner algo a un lado para "tiempos difíciles".

¿Tiene suficientes reservas? ¿Podrías vivir con menos ingresos? ¿Podría hacer frente a la pérdida de su trabajo durante un período más largo sin mayores problemas financieros? ¿Son las reparaciones costosas un problema en particular? ¿Con qué rapidez se dispondría de reservas financieras sin grandes pérdidas?

Las reservas líquidas es una clave importante para mantenerse capaz de las acciónes financieras. En esta sección se compila un estado de los activos, es decir, una descripción detallada de sus activos actuales. Dedicara especial atención a las reservas de líquidos y la disponibilidad rápida para las emergencias agudas. Reservas líquidas que cubren los gastos corrientes durante al menos 6 meses sería lo ideal. Te mostraremos una forma inteligente de repartir sus ingresos. El objetivo es pagar los gastos corrientes, acumular reservas y pagar las deudas.

¡Permanece consistente y disciplinado y acumula reservas líquidas suficientes!

¿Cuál es el sentido de tener un buen coche si no puedo pagar la gasolina?

"¡Cuando gano suficiente empezaré a ahorrar!"

Por favor, introduzca de nuevo aquí todos los puestos y empleos que ha tenido hasta la fecha (véase la sección sobre los ingresos).

- ¿Cuánto ha ganado en total en toda su vida?

- ¿Qué queda?

Qué queda?	Total obtenido:	Sobra hoy:
Total:	Σ	Σ

Pero... ¿cuánto es suficiente para empezar?

"¿Qué valor tienen mis bienes para los demás?"

Utilice esta página para crear una visión general de sus activos (continúe en otras páginas si es necesario). Anote todos sus activos de acuerdo con el tipo y el valor. ¡Crea un inventario!

Enumere todas sus "tesoros" y estima su valor real actual.

Sé honesto, si quisieras venderlo hoy ¿cuánto pagaría alguien realmente por ello?

Activo/objeto:	¿Precio de compra?	¿Valor actual? €	¿Cómo de liquido esta el activo?
Total:	Σ	Σ	

En lo profundo de nuestro cerebro todavía tenemos una predisposición hacia la caza y la recolección. Pero el tipo de caza y la presa han cambiado.

La distribución inteligente del ingreso

Averígüelo aquí: (¡Preste atención al orden!)

- **¡Comience ahora con regularidad ahorrar el 10% de sus ingresos!**
  - El objetivo es tener 6 veces su gasto mensual disponible como recursos líquidos (dinero efectivo). Utilice los totales y el interés compuesto con regularmente ahorrar el 10% de todos los ingresos que recibe.
  - ¡Poco a poco se hace mucho!
  - Para las reservas líquidas del tipo de interés ofrecido no debe ser determinado como un interés más alto por lo general implica un mayor riesgo de pérdida o costes de terminación caros.
  - Evite mover las monedas especulativas. Si se necesita el dinero debe cambiarla, ¡sin importar la tasa de cambio!
  - La disponibilidad rápida constante sin grandes pérdidas es importante.

- **Un máximo** de 90% de sus ingresos se debe utilizar para los gastos y el pago de las cuotas (deudas). Puede que tenga que recortar gastos. Negocia mejores condiciones con sus acreedores.

- ¡Utilice ingresos adicionales para pagar las deudas más rápidamente!

- Planea para ahorrar cantidades regulares y crear reservas para compras grandes.

Un ejemplo de la distribución inteligente del ingreso:

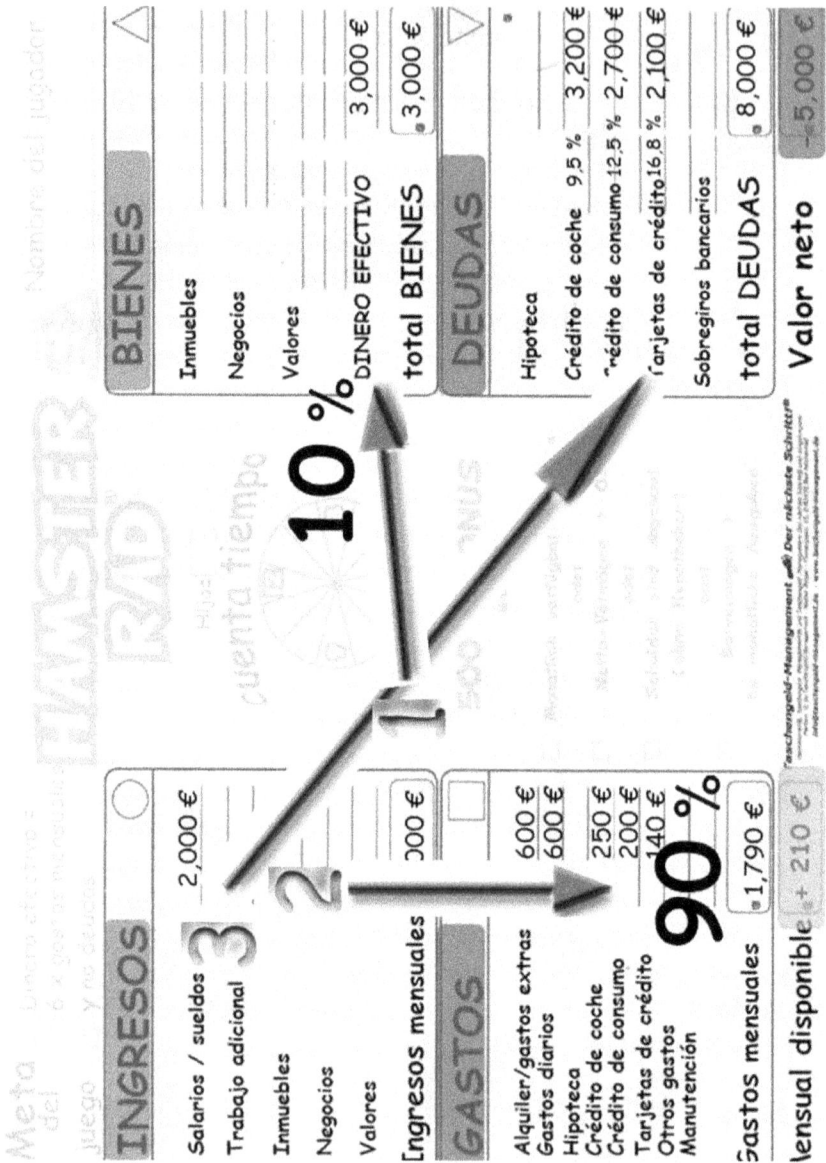

BIENES

Inmuebles	
Negocios	
Valores	
DINERO EFECTIVO	3,000 €
total BIENES	3,000 €

DEUDAS

Hipoteca		
Crédito de coche	9,5 %	3,200 €
Crédito de consumo	12,5 %	2,700 €
Tarjetas de crédito	16,8 %	2,100 €
Sobregiros bancarios		
total DEUDAS		8,000 €
Valor neto		**-5,000 €**

INGRESOS

Salarios / sueldos	2,000 €
Trabajo adicional	
Inmuebles	
Negocios	
Valores	
Ingresos mensuales	2,000 €

GASTOS

Alquiler/gastos extras	600 €
Gastos diarios	600 €
Hipoteca	
Crédito de coche	250 €
Crédito de consumo	200 €
Tarjetas de crédito	140 €
Otros gastos	
Manutención	
Gastos mensuales	1,790 €
Mensual disponible	+ 210 €

10 %

90 %

- Ahorra el 10% (en efectivo)

- Gaste máx. 90% en gastos, deudas, reservas

- Utilice ingresos adicionales para reducir las deudas

Notas sobre mis reservas:

¿Dónde hay una necesidad urgente de tomar medidas? ¿Qué voy a hacer?

Calculación:

Notas sobre:

5 DEUDAS

Deudas = Energías que se necesitan para mañana

que fué usado ayer.

"Una deuda es una obligación contraída por una parte (el deudor) a una segunda persona, el acreedor, por lo general esto se refiere a los activos concedidos por el acreedor al deudor, pero el término también puede ser utilizado metafóricamente para cubrir las obligaciones morales y otras interacciones no basadas en el valor económico.

Una deuda se crea cuando un acreedor se compromete a prestar una suma de activos a un deudor. La deuda se concede normalmente con el reembolso esperado, en la sociedad moderna, en la mayoría de los casos, de la suma original más los intereses.

En las finanzas, la deuda es una forma de utilizar en un futuro anticipado el poder adquisitivo en el presente antes de realmente ganarlo. Algunas compañías y empresas utilizan la deuda como parte de su estrategia global de las finanzas corporativas."

(Originalmente en Ingles http://en.wikipedia.org/wiki/Debt, 04 Enero 2012)

AL COMIENZO DE Noviembre 2011 varios vecinos de un pueblo de las afueras de Pekín, China fueron entrevistados. El periodista quería captar los sentimientos de los chinos rurales sobre las enormes deudas de muchos países extranjeros hacia China. Con un brillo en los ojos un hombre se acercó, dijo: "¡Los europeos son codiciosos por la carne! Hacen todo lo posible para obtener más carne. Cuando no tienen dinero piden prestado para conseguir incluso más carne. A nosotros también nos gusta la carne. ¡Pero cuando no tenemos dinero no compramos carne!"

Este comentario puede sonar en un principio necio y tal vez dice algo sobre el valor de la carne para este hombre. Pero cuando la palabra "carne" se sustituye por "consumo" pronto verá la verdad más profunda:

¡En Europa vivimos más allá de nuestros medios y pagamos con dinero que no tenemos!

China tiene reservas internacionales importantes, tal vez también porque los ingresos fiscales no se utilizan necesariamente para ampliar los servicios sociales básicos para todos los sectores de la población. Una de las razones del fuerte crecimiento económico y los altos beneficios en relación con esto son los costos laborales muy bajos, por lo general a expensas de la población trabajadora, que a menudo tiene que sobrevivir con salarios extremadamente bajos. Esta ocasión favorable se utiliza para la compra y la realización de inversiones en todo el mundo expandiendo relaciones comerciales en los mercados fundamentales y en la obtención de energía y recursos de materia prima necesaria. ¡Hoy en día, muchos países están luchando con problemas dramáticos de liquidez y tienen grandes deudas con China!

¡No culpable!

"¿Qué tal un poco más?" Hacer deudas es fácil. "¡Date un capricho, te lo has ganado!" Una tentadora oferta, pago conveniente en cuotas, una verdadera ganga. Tiendas nos tientan con consignas como "¡No eres estúpido!" Lo puedes comprar a crédito. ¡Tienes crédito!

"Yo no te culpo. ... Puede creer en mí... ¡Confía en mí!" Cantó la serpiente Ka a Mogli en El Libro de la Jungla. (¡Encontrará bonitas películas en YouTube!)

Pero sería demasiado fácil para denunciar la publicidad manipuladora, las empresas con ánimo de lucro, los bancos codiciosos, políticos que quieren ser reelegidos o incluso suerte como el seductor culpable y absolver a nosotros mismos como igual-menos víctimas.

Una acción responsable significa también responsabilidad de aceptar las consecuencias. Una persona tiene deudas financieras cuando ha comprado algo a crédito. Quizá la razón de una situación desagradable de hoy fue una decisión no bien calculada en el pasado. No vale la pena buscar un culpable o sentirse responsable. Esto sólo nos priva de energía adicional. Hay una situación difícil que ahora debe resolverse con prudencia. No puede cambiar lo que ha hecho, pero se puede aprender de él, seguir adelante y actuar de una manera mejor.

¡Deudas opresivas y cuotas mensuales altas desaparecen cuando se les paga y no asumen otras nuevas!

Esto puede sonar simple, pero exige el equilibrio emocional, una visión realista de su situación financiera y las posibles opciones para la acción, determinación y disciplina.

Esta sección le dará claridad acerca de sus deudas y obligaciones existentes. Aprende 8 pasos para reducir las deudas. Se dibuja un plan de cancelación de deuda y obtenga una buena descripción con el fin de establecer las prioridades de pago. Entonces se hace más fácil identificar el progreso positivo hacia la meta de la "libertad de deuda".

¡Deudas opresivas y cuotas mensuales desaparecen cuando se pagan y no se asumen otras nuevas!

El temor como un motivador y la pérdida de capacidad para actuar

Conteste las siguientes preguntas aquí:

- ¿A quién le debo dinero?
- ¿Por qué? ¿Qué he comprado?
- ¿Qué pagos mensuales tengo que hacer para esto?
- ¿Cuándo voy a estar libre de deudas?
- ¿Cómo me siento?

Notas sobre: Calculación:

8 pasos para la libertad de deuda (parte 1)

Siga estos pasos para elaborar un plan de cancelación de deuda y para pagar sus deudas:

- 1. Anota todas las deudas en el "plan de cancelación de deuda". (Por favor, utilice para esto las plantillas de copia del apéndice.)

- 2. Decide sobre su lista de clasificación para el pago de las deudas existentes, por ejemplo,

    - pagar el préstamo con la tasa más alta de interés primero

    - el préstamo más pequeño (¡resultados rápidos y positivos motivan!) o

    - el que tenga el tiempo de amortización más corto (¡y otra deuda se pago!)

- 3. Negociar mejores condiciones con sus acreedores. Hablar de

    - posibilidades para acordar una menor tasa de interés o una posible reestructuración de la deuda (¡sobregirar una cuenta corriente es muy caro!), sobre

    - cuotas mensuales más bajas o sobre

    - Cancelación parcial de la deuda, es decir, un "acuerdo de capitalización". Esto significa que toda la deuda es redimido mediante el pago de una cantidad parcial.

¡Tome acción! ¡Se sorprenderá de lo que puede lograr por hablar y mantenerse firme!

Ejemplo para crear un plan de reducción de deuda:

Mi plan de reducción de deuda

Que deuda? Acreedor	Cantidad actual	Actual tasa de interés	Cuota mínima / mes	Nº de cuotas / mes	Oferta del acreedor	Tasa de interés nuevo	Cuota / mes nuevo	Nº de cuotas /mes nuevo	Orden de prioridad
Compra de coche	5.800 €	6,4%	152 €	28	comprar		- €		4
Cuenta corriente	2.350 €	12,8%	25 €	nunca	Reestructuración	9,4%	75 €	35	1
Dormitorió	2.700 €	9,8%	135 €	23	Reducción de 1.800	9,8%	115 €	15	3
Tarjeta crédito	1.250 €	18,4%	32 €	60	Mejor tasa de	12,4%	32 €	50	2
Deudas/pagos mensuales	12.100 €		343 €				221 €		

8 pasos para la libertad de deuda (parte 2)

- 4.Transfiera las cuotas mensuales al presupuesto de gastos.

- 5.Si es necesario, reduce el gasto y genera ingresos adicionales

- 6.¡Comience en estos momentos con regularidad ahorrar el 10% de sus ingresos! ¡Inténtalo! Vas a ver qué se puede hacer si lo desea.

- 7.Pagar las cuotas acordadas con regularidad y a tiempo. Utilice cualquier ingreso adicional para una mayor devolución del nº 1 en su lista de deudas. ¡Cuando uno de las deudas ha sido pagado, frente al próximo! Utilice la liquidez liberada del pago de una deuda para pagar la siguiente deuda más rápidamente. Continúe de esta manera hasta que todas las deudas están pagadas.

- 8.Una vez que todas las deudas se han pagado debe tratar de ahorrar las reservas líquidas de hasta 6 veces su gasto mensual.

¡Enhorabuena! ¡Tiene un nuevo crédito! ¡Por favor, no lo use!

¡Reduzca sus deudas y crea reservas – ambas cosas son posibles!

NOTAS sobre mis deudas:

¿Dónde hay una necesidad urgente de tomar medidas?
¿Qué voy a hacer?

Calculación:

Notas sobre:

6 COMPRAS

"¡Cumple un deseo!", ¡cantan las sirenas!

Cumplir los deseos interminables se convierte en el propósito de la vida,

"más y más" es la meta,

"contentarse con menos" significa "no".

¿Qué deseo necesito (obtener) hoy?

"El consumo es un concepto común en la economía, y da lugar a conceptos derivados como la deuda de los consumidores. En general, el consumo se define en parte por comparación con la producción. Pero la definición precisa puede variar debido a que las diferentes escuelas economistas definen la producción de manera muy diferente. Según los economistas convencionales, sólo la compra final de bienes y servicios por parte de los individuos constituye el consumo, mientras que otros tipos de gastos - en particular, la inversión fija, el consumo intermedio y el gasto público - se colocan en categorías separadas. Otros economistas definen el consumo de manera mucho más amplia, como la suma de toda la actividad económica que no implica el diseño, producción y comercialización de bienes y servicios (por ejemplo, la selección, adopción, uso, disposición y reciclaje de productos y servicios)."

(Originalmente en Ingles, http://en.wikipedia.org/wiki/Consumption_%28economics%29, 04 Enero 2012)

UNA NIÑA ESTÁ HABLANDO A SU AMIGO SOBRE LA CRISIS FINANCIERA. "¡Somos muy pobres ahora! ¡Ahora mi papa sólo puede permitirse un coche sin techo!" y señala a un Cabriolet flamante estacionado en la unidad.

Es maravilloso tener sueños. Da satisfacción conseguir los deseos y ser capaz de permitirse el lujo de dar a los demás regalos o apoyarlos financieramente. La confianza en el futuro y una conciencia sana de prosperidad promueve el consumo privado. Las empresas, los empleos e los ingresos fiscales dependen de ello.

Sin embargo, las compras espontáneas, promociones especiales, ofertas puntuales, oportunidades sensacionales, la frustración o la compra compulsiva deben ser evitadas. Sólo conducen a gastar demasiado dinero y tal vez no tener suficientes fondos disponibles para emergencias. Sea honesto: cuando observe su armario ¿Ve algo que se puede asignar a la categoría de compras impulsivas o que fue comprado a bajo precio, guardado y olvidado?

Las inversiones más grandes y las compras caras deben planificarse. La necesidad, los medios financieros y las consecuencias deben ser examinados. ¿Qué es lo que quiero gastar? ¿Qué puedo permitirme? ¿Puedo comprarlo más tarde?

En esta sección puede anotar todas las compras más grandes que está planeando. Es una buena oportunidad para discutir los deseos y planes con su pareja o familia y tomar todas las ideas y sugerencias en serio.

Discute qué es importante para cada individuo, lo que debería tener prioridad, lo que puede permitirse y averigua cuales son las inversiones que (todavía) no son posibles. ¿Hay algo que puede vivir sin tenerlo? ¿Cuánto debería dejar a un lado mensualmente? ¡Tomad una decisión conjunta y luego siguan adelante!

¿Qué es lo que quiero (puedo) pagar?

Aquí puede anotar los sueños y deseos que le gustaría cumplir.

- ¿Qué quiero comprar?

- ¿Qué inversiones o compras están previstos?

Por favor conteste las preguntas con la mayor precisión posible, es decir:

¿Qué? ¿Cuándo? ¿Cuánto cuesta? ¿Por qué? ¿Cómo se sentirá entonces?

Notas sobre: Calculación:

Ejemplo para crear un resumen de las compras:

DESEOS/COMPRAS/INVERSIONES

	¿El coste?	¿Cuándo?	Cantidad mensual para ahorrar	¿Necesario?
Vacaciones	€1,500.00	12 de Agosto	€200.00	B
Coche	€7,500.00	13 de Julio	€150.00	B
Reservas munsuales para las compras/inversiones:			€350.00	

Una mirada detallada de mis compras

Por favor, examine sus compras previstas honestamente con las siguientes preguntas:

- ¿Por qué lo necesito?

- ¿Realmente es necesario?

- ¿Tiene que ser tan grande, tan...?

- ¿Hay alternativas más baratas?

- Si significa una gran inversión, ¡consúltalo con la almohada! Evite las compras impulsivas.

- ¿Qué pasaría si no lo compro?

Notas sobre: Calculación:

Compro luego existo. Yo soy lo que compro. ¿Qué eres en realidad?

¡Establezca metas realistas y encuentra una manera de hacerlos realidad!

NOTAS sobre comprar:

¿Dónde hay una necesidad urgente de tomar medidas?
¿Qué voy a hacer?

Calculación:

Notas sobre:

7 PRESUPUESTO

Tener una visión general da una sensación de seguridad

Presupuesto: Un presupuesto es un plan financiero mostrando los ingresos y gastos que se espera en el futuro.

SÓLO COMPRO LO QUE ME PUEDO PERMITIR. Siempre tengo €50 más de lo que necesito en mi cartera. ¿Conoce, sin duda bien intencionados, consejos simulares? Estos en general no sirven para nada en su vida cotidiana. El aumento de los precios, los gastos imprevistos, reparaciones urgentes, la pérdida de la paga extra o la cancelación de un bono que había contado con él, son difíciles de planear. Esto hace que sea aún más importante de tener siempre una visión general puesta al día de sus ingresos y gastos para que pueda reaccionar con sensatez y flexibilidad a las sorpresas desagradables.

Un consejo: ¡Haga una lista completa de todos sus gastos y del plan de reservas! Calcule sus ingresos de forma realista sin tener en cuenta las bonificaciones, pagos especiales, etc. Ingresos adicionales no esperados son mejor que un gran agujero en sus finanzas debido a una estimación demasiado optimista.

En esta sección elaborará un presupuesto de ingresos y gastos, es decir, establecerá futuros gastos planeados y los ingresos que espera. Siga los pasos recomendados y transfiera todos los resultados obtenidos hasta ahora en las áreas previstas en el presupuesto.

¡Las partes individuales del rompecabezas crearan su mapa financiero!

¡Tenga cuidado! Un presupuesto es un plan basado en los valores del pasado y con la hipótesis para el futuro. El objetivo ofrece una buena orientación, a pesar de que debe actualizarse continuamente con las cifras reales. Su plan debe demostrarse en la realidad. De esta manera la necesidad de tomar medidas y posibles opciones se puede identificar en el tiempo apropiado.

¡Manténgase realista – crea reservas!

Presupuesto (parte 1/gastos)

Una vista general muestra donde es necesario actuar y las posibles opciones.

Elabora un plan de la siguiente manera:

- Introduzca las cifras comprobadas de las secciones de Gastos, Deudas y Compras. (Por favor, utilice el modelo de copia en el apéndice para esto.) 1/12 de su ingreso anual se fija como una cifra mensual en el presupuesto. No subestime sus gastos y considera posibles aumentos de precios de calefacción, alimentos, electricidad, gasolina, etc.

- Introduzca las cuotas mensuales para el pago de las deudas existentes.

- Planifique el 10% de sus ingresos para aumentar las reservas líquidas.

- Considere ahorrar cantidades para compras planificadas (vacaciones, coche, muebles, etc.)

- Compare su gasto real con las cifras del presupuesto de cada semana (real / análisis del objetivo). Las desviaciones se identifican a tiempo y los ajustes necesarios se pueden realizar.

¡Empieza a actuar por fin en lugar de reaccionar siempre!

Ejemplo para crear un presupuesto de gastos:

Presupuesto	Mensual	Anual	Exceso/Insuficiente	Enero	Febrero	Marzo	Abril	Mayo
Gastos privados								
Alquiler (incl. calefacción)	€ 365	€ 1,380		€ 365	€ 365	€ 365	€ 365	€ 365
Gastos adicionales	€ 79	€ 1,288		€ 79	€ 79	€ 79	€ 79	€ 79
Electricidad	€ 72	€ 1,184		€ 72	€ 72	€ 72	€ 72	€ 72
Mantenimiento de los hijos								
Devolución								
Comida	€ 230	€ 3,000		€ 230	€ 230	€ 230	€ 230	€ 230
Ropa	€ 50	€ 600		€ 50	€ 50	€ 50	€ 50	€ 50
Peluquero	€ 15	€ 180		€ 15	€ 15	€ 15	€ 15	€ 15
Tef./móvil	€ 25	€ 300		€ 25	€ 25	€ 25	€ 25	€ 25
Seguro de respnsabilidad civil	€ 3	€ 35		€ 3	€ 3	€ 3	€ 3	€ 3
Total de gastos privados	€ 859	€ 10,967		€ 859	€ 859	€ 859	€ 859	€ 859
Deudas								
Compra del coche								
Cargos de saldo descrubierto	€ 24	€ 291		€ 24	€ 24	€ 24	€ 24	€ 24
Dormitorio	€ 113	€ 1,350		€ 113	€ 113	€ 113	€ 113	€ 113
Tarjeta de crédito	€ 50	€ 605		€ 50	€ 50	€ 50	€ 50	€ 50
Total de deudas	€ 187	€ 2,246		€ 187	€ 187	€ 187	€ 187	€ 187
Total ingresos - deudas	€ 1,046	€ 13,213	0	€ 1,046	€ 1,046	€ 1,046	€ 1,046	€ 1,046

Presupuesto (parte 2/ingresos)

Suposiciones cuidadosas para una planificación realista

Para elaborar un presupuesto procede de la siguiente manera:

- Introduzca las cifras comprobadas de la sección de Ingresos en su presupuesto (Por favor, utilice el modelo copia en el apéndice para esto.) 1/12 de su ingreso anual se fija como una cifra mensual en el presupuesto. ¡Manténgase realista!

- No planee con pagos de alta-bajos y con partes variables de su contrato de trabajo, tales como la Navidad o otros bonos y paga extra. ¡Las reservas financieras le ofrecen la posibilidad adicional!

- Al menos una vez al mes compara sus ingresos reales con las cifras del presupuesto (real / análisis objetivo). Establece las razones por alguna diferencia y si se trata de una situación excepcional o si va a continuar de esta forma.

- En el caso de alguna insuficiencia examine las posibles opciones: Use las reservas, reduce su gasto, encuentra un trabajo adicional, etc. Evite poner su cuenta en cifras rojas (muy caro) o pagar con tarjetas de crédito.

¡El mejor plan no vale nada sin un seguimiento constante!

Ejemplo para crear un presupuesto de Ingresos:

Presupuesto	Mensual	Anual	Exceso/ Insuficiente	Enero	Febrero	Marzo	Abril	Mayo
Ingresos								
Empleo	€ 2,000	€ 24,000		€ 2,000	€ 2,000	€ 2,000	€ 2,000	€ 2,000
Paga de vacaciones		€ 600		€ 0	€ 0	€ 0	€ 0	€ 0
Bono navideño		€ 240		€ 0	€ 0	€ 0	€ 0	€ 0
Pensión de los hijos	€ 328	€ 3,936		€ 328	€ 328	€ 328	€ 328	€ 328
				€ 0	€ 0	€ 0	€ 0	€ 0
Ingresos total	€ 2,328	€ 28,776	0	€ 2,328	€ 2,328	€ 2,328	€ 2,328	€ 2,328

NOTAS sobre mi presupuesto:

¿Dónde hay una necesidad urgente de tomar medidas?
¿Qué voy a hacer?

Calculación:

Notas sobre:

8 SITUACIÓN FINANCIERA

¡UNA IMAGEN VALE MÁS QUE MIL PALABRAS!

Un estado financiero le dará una visión actual de sus ingresos, gastos, bienes y deudas. La situación financiera del juego Hamsterrad® se utilizo para ilustrar esto.

UNA MUJER REFLEXIONÓ SOBRE SU SITUACIÓN FINANCIERA Y SUSPIRÓ: "¡Es como en la vida real! La única diferencia es que los problemas y la forma en que las cosas están vinculadas pueden ser vistos con mayor facilidad." Su marido la miró de acuerdo y confirmó: "¡Esto es lo que siempre he querido explicarte!"

"¡Mi hija quiere mostrarle algo!" En la tercera jornada de los juegos de la feria en Essen (Alemania) un hombre se acercó a mí con su hija y me dio una cálida bienvenida. La chica me sonrió, rebuscó en su camiseta, sacó un trozo de papel arrugado y trató de suavizarlo. "¡Le gané a mi padre en el partido de ayer!" dijo triunfalmente. Y para demostrarlo, me entregó el estado financiero del juego HAMSTERRAD®

"¿Puedo llevar a casa mi situación financiera?" Después de una noche de juegos una joven hizo esta pregunta mientras sostenía una hoja de papel hacia mí. La miré un poco sorprendido y respondí: "Por supuesto que sí, pero, ¿no preferirías llevarte una nueva hoja?" - "No, gracias, este plan es suficiente. ¡Sólo quiero mostrar a mi marido que yo también puedo manejar el dinero!" fue la sorprendente respuesta.

¿Usted también disfruta de escuchar a un orador excepcionalmente dotado que es capaz de explicar incluso las interrelaciones más complejas aparentemente sin esfuerzo de una manera sencilla y clara? ¿Alguna vez ha tratado de explicar un tema complejo de manera que se entiende realmente? ¿Llegas a veces a ver el bosque a través de los árboles en la jungla de las informaciónes diarias?

En la sección de estado financiero dibuje un "mapa financiero". Su situación financiera y la forma en que las cosas están vinculadas se pondrán más claras. Esta visión general hace que sea más fácil identificar los pasos necesarios y los cursos de acción razonable.

En sólo una hoja de papel puede razonar, discutir y decidir en lugar de dejarse vencer por las frustraciónes con miles de archivos, documentos y cifras.

¡Aprende a ver las cosas como realmente son y no como nos imaginamos que son! Vernon Howard

Procedimiento para crear un estado financiero (parte 1 ingresos/gastos):

- Transfiera los datos mensuales del presupuesto (ingresos / gastos) hacia el estado financiero.

- Si es necesario, combina los gastos individuales en categorías.

- Introduzca las cuotas mensuales de las deudas en la lista de gastos.

- Calcula los totales de ingresos y gastos.

- Determine la cantidad de dinero disponible cada mes, o si hay una insuficiencia.

INGRESOS

Salarios / sueldos	2,000 €
Trabajo adicional	
Inmuebles	
Negocios	
Valores	
Ingresos mensuales	2,000 €

GASTOS

Alquiler/gastos extras	600 €
Gastos diarios	600 €
Hipoteca	
Crédito de coche	250 €
Crédito de consumo	200 €
Tarjetas de crédito	140 €
Otros gastos	
Manutención	
Gastos mensuales	1,790 €

Mensual disponible 210 €

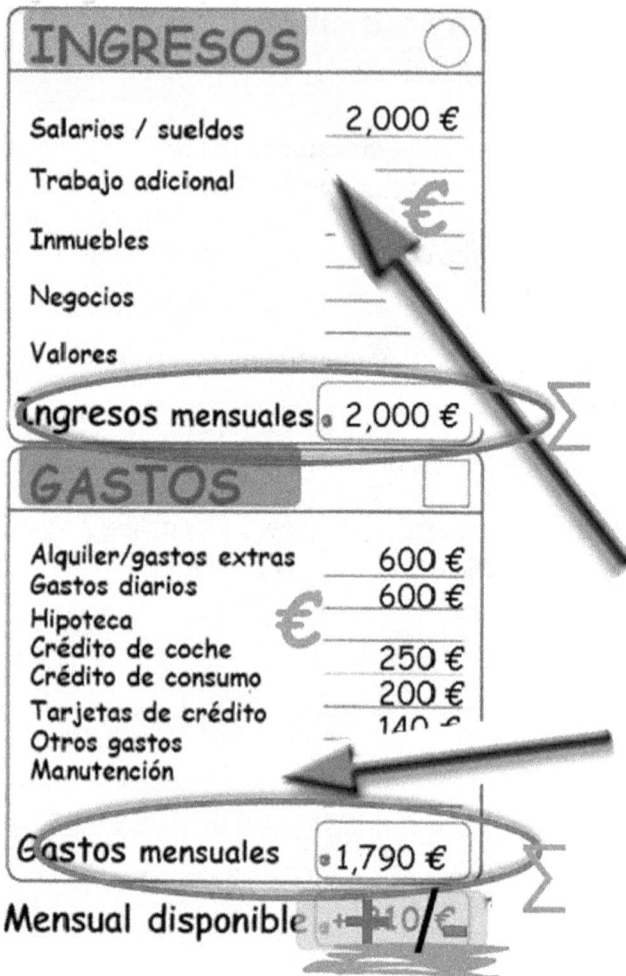

Que puede ver aquí:

- ¿Qué ingresos y gastos tengo?

- ¿Cuál es la cantidad mensual en €?

- ¿Cuáles son los totales de mis ingresos y gastos mensuales?

- ¿Cuánto tengo disponible cada mes? (¿exceso o insuficiente?)

Procedimiento para crear un estado financiero (parte 2 bienes/deudas):

- Con su visión general sobre sus activos o su visión general de deudas actuales transfiera los datos e informaciónes importantes hacia la situación financiera.

- Si es necesario, combine artículos individuales en categorías.

- Calcule los totales de bienes y deudas.

- Averigue cuánto valen sus activos netos o si está aún más endeudado.

Que puede ver aquí:

- ¿Qué activos tengo y qué tipo de deudas?

- ¿Cuál es el valor actual (cantidad) en €?

- ¿Cuánto vale mis activos en total y cuál es la cantidad total de mis deudas en €?

- ¿Cuánto valen mis activos netos?

- ¿Estoy muy endeudado?

Ejemplo para crear un estado financiero:

INGRESOS

Salarios / sueldos	2.000 €
Trabajo adicional	
Inmuebles	
Negocios	
Valores	
Ingresos mensuales	**2.000 €**

BIENES

Inmuebles	
Negocios	
Valores	
DINERO EFECTIVO	3.000 €
total BIENES	**3.000 €**

GASTOS

Alquiler/gastos extras	600 €
Gastos diarios	600 €
Hipoteca	
Crédito de coche	250 €
Crédito de consumo	200 €
Tarjetas de crédito	140 €
Otros gastos	
Manutención	
Gastos mensuales	**1.790 €**

DEUDAS

Hipoteca		
Crédito de coche	9,5 %	3.200 €
Crédito de consumo	12,5 %	2.700 €
Tarjetas de crédito	16,8 %	2.100 €
Sobregiros bancarios		
total DEUDAS		**8.000 €**

Mensual disponible + 210 €

Valor neto -5.000 €

"Lea" su situación financiera - Evalue la situación correctamente - ¡Reconozca las oportunidades!

¿Cuál es la situación financiera?

- Un ingreso de € 2.000 es suficiente para pagar los gastos corrientes de € 1.790.

- € 210 por mes permanece.

- € 590 tiene que cubrir la deuda cada mes; ¡esto es el 33% del gasto total!

- € 3.000 reserva liquido (en efectivo)

- € 8000 el nivel de deuda

- Valor neto - ¡€ 5,000! ¡Hay sobreendeudamiento!

¿Hay problemas?

- 33% del gasto total está destinado a pagar los créditos de consumo.

- ¡Los créditos tienen las tasas de interés muy altas!

- Hay sobreendeudamiento.

- Sólo un ingreso disponible.

¿Qué posibilidades hay?

Pague sus deudas de su tarjeta de crédito con fondos líquidos con las siguientes consecuencias:

- Deuda reducido con € 2.100

- El gasto reducido con € 140/mes

- Unos €140 extras por mes disponible

BIENES

Inmuebles _____
Negocios _____
Valores _____
DINERO EFECTIVO 3,000 €

total BIENES 3,000 €

DEUDAS

Hipoteca _____
Crédito de coche 9.5 % 3,200 €
Crédito de consumo 12.5 % 2,700 €
Tarjetas de crédito 16.8 % 2,100 €
Sobregiros bancarios _____

total DEUDAS 8,000 €

Valor neto -5,000 €

INGRESOS

Salarios / sueldos 2,000 €
Trabajo adicional _____
Inmuebles _____
Negocios _____
Valores _____

Ingresos mensuales 2,000 €

GASTOS

Alquiler/gastos extras 600 €
Gastos diarios 600 €
Hipoteca _____
Crédito de coche 250 €
Crédito de consumo 200 €
Tarjetas de créd 140 €
Otros gastos _____
Manutención _____

Gastos m... 1,790 €

Mensual ...ible + 210 €

¡Examina las oportunidades por asumir un empleo adicional para pagar los préstamos más rápidamente!

BIENES

Inmuebles	
Negocios	
Valores	
DINERO EFECTIVO	3,000 €
total BIENES	3,000 €

DEUDAS

Hipoteca		
Crédito de coche	9,5 %	3,200 €
Crédito de consumo	12,5 %	-2,700 €
Tarjetas de crédito	16,8 %	2,100 €
Sobregiros bancarios		
total DEUDAS		8,000 €

Valor neto   -5,000 €

INGRESOS

Salarios / sueldos	2,000 €
Trabajo adicional	
Inmuebles	
Negocios	
Valores	
Ingresos mensuales	2,000 €

GASTOS

Alquiler/gastos extras	600 €
Gastos diarios	600 €
Hipoteca	
Crédito de coche	250 €
Crédito de consumo	200 €
Tarjetas de crédito	140 €
Otros gastos	
Manutención	
Gastos mensuales	1,790 €

Mensual disponible   + 210 €

¡Negocia mejores condiciones con los acreedores!

BIENES

Inmuebles	
Negocios	
Valores	
DINERO EFECTIVO	3,000 €
total BIENES	**3,000 €**

DEUDAS

Hipoteca		
Crédito de coche	9.5 %	3,200 €
Crédito de consumo	12.5 %	2,700 €
Tarjetas de crédito	16.8 %	2,100 €
Sobregiros bancarios		
total DEUDAS		**8,000 €**
Valor neto		**-5,000 €**

INGRESOS

Salarios / sueldos	2,000 €
Trabajo adicional	
Inmuebles	
Negocios	
Valores	
Ingresos mensuales	**2,000 €**

GASTOS

Alquiler/gastos extras	600 €
Gastos diarios	600 €
Hipoteca	
Crédito de coche	250 €
Crédito de consumo	200 €
Tarjetas de crét	140 €
Otros gastos	
Manutención	
Gastos m	1,790 €
Mensual ...ible + 210 €	

NOTAS sobre mi situación financiera:

¿Dónde hay una necesidad urgente para tomar medidas?
¿Qué voy a hacer?

Calculación:

Notas sobre:

9 ACCIÓN

Sobre Autodisciplina

"¡Haz lo que sabe, que debes hacer!"

Roy Eugene Davis

EL 31 DE DICIEMBRE NOS GUSTA LEVANTAR UN VASO con los amigos y la familia para el año nuevo y deseamos unos a otros la felicidad, la satisfacción y el éxito. Las líneas telefónicas suelen estar completamente sobrecargadas. Quiere lo mejor para sus seres queridos y uno se siente bien decírselo. Astrología, horóscopos y amuletos de la suerte disfrutan de un auge mientras la mayoría de las personas preguntan con expectación que es lo que les traerán las estrellas.

¡Todo debe ser mejor en el Año Nuevo! Perder peso, hacer más deporte, pasar más tiempo con la familia, más dinero. Y, en efecto, al comienzo del nuevo año algunas personas empiezan a trabajar con ambición hacia los objetivos que se han fijado. Intentan perder peso, empiezan a correr, ordenan papeles, ordenan o inician un proyecto importante. Pero después de unas semanas de actividad frenética la rutina diaria vuelve y con ella los viejos hábitos. Pero el próximo año nuevo está por venir - en algún momento. ¡La esperanza es lo último que se pierde!

Hagan grandes planes, pero no cometa el error de esperar cambios inmediatos e incluso milagros. Eso sería poco saludable y sólo le presionara para demostrar el éxito rápido - a sí mismo y a los demás. Un viaje de mil millas comienza con el primer paso, pero se necesita determinación, perseverancia, flexibilidad y paciencia para alcanzar su meta. Al planificar, también debe fijarse metas más pequeñas a corto plazo. Lograrlos tiene un efecto motivador y le incita para seguir. Esto confirma que ha elegido el camino correcto.

¡Al formular metas escribe lo que quiere y no lo que no quiere!

NOTA: Si solo se centra en lo que no quiere, sus pensamientos y acciones sólo girarán en torno al problema. ¡Concéntrese en la solución y no en el problema! ¡Usted conseguirá lo que usted le dé a su mente para consumir!

¡Ahora es el mejor momento para empezar! En el fondo todo el mundo sabe lo que tiene que hacer ahora. Pero muchas personas actúan reacciónando a las influencias externas. No muchos tienen un plan para organizar sus actividades. Si se siente presionado o estresado, deje la situación actual, calme sus emociones, haz algo que disfrute y tome algún tiempo para pensar. Actue con calma, con sensatez, con eficacia y de una manera enfocada.

¡Incluso un viaje de mil millas comienza con el primer paso, pero se necesita determinación, perseverancia, flexibilidad y paciencia para alcanzar la meta victoriosa!

La fortuna es cuando la preparación y la oportunidad se juntan. Cambios positivos visibles se cumplirán en el transcurso del tiempo, esto tiene que suceder. Los demás pueden pensar cuánta suerte has tenido. Pero para usted será una confirmación de que una manera correcta de pensar, escribir las cosas estructuradas y acciónes enfocadas le preparo el terreno para la atracción de oportunidades favorables. Ser feliz no es un rasgo de carácter predeterminado o una influencia externa provocada por el destino - ¡es una decisión que cualquier persona puede hacer por sí mismo!

En la sección final resumirá todas las tareas e ideas de acción que se han establecido hasta el momento al final de cada sección. Si un tema o una tarea aparecen varias veces es un signo de urgencia. Formule sus metas con claridad y sin ambigüedad y dejase guiar y motivar por una imagen de la situación ideal. Establece prioridades y decide para cuando quiere lograr los resultados individuales. Registre los resultados positivos y la fecha de la consecución de sus objetivos. Mira hacia atrás en su progreso y su desarrollo y felicitase por lo que ha logrado. ¿Qué está esperando? ¡Comience!

¡La vida es un cambio constante! ¡La seguridad es una ilusión!

¡Pero todo está en el proceso de seguir mejorando!

Al comienzo de una nueva idea mucha gente sabe por qué exactamente está condenado al fracaso.

Cuando una persona permite que una utopía se convierta en realidad, se convierte en normalidad para muchas personas.

Cuando se ha logrado todo el mundo es un sabelotodo y mucha gente lo sabía desde siempre.

Todo lo que podemos hacer ahora es

dar un poco más de lo mejor que somos capaces en este momento,

para afrontar los nuevos retos con confianza y pasión,

para aceptar los cambios constantes con confianza y

seguir tratando de crear condiciones necesarias para realizar una

vida llena, feliz y próspera para nosotros mismos y para los demás.

Diario de deberes

Una visión general de mis metas importantes

Ahora resume todas las tareas e ideas para la acción que se identificaron al final de las secciones individuales y clasifica los objetivos similares.

- Formule sus metas de una manera positiva, clara y motivadora.
  (¿Qué es lo que quiere lograr y por qué?)

- ¡Establece prioridades!

- Fije una fecha para lograr el resultado.

- Tome nota de los avances positivos y cuando se logró el objetivo.

Tarea 1	¿Qué es lo que qiero hacer? ¿Qué quiero lograr?	¿Por fecha?	Prioridad
Fecha de cuando se puso la meta:			

Tarea 2	¿Qué es lo que qiero hacer? ¿Qué quiero lograr?	¿Por fecha?	Prioridad
Fecha de cuando se puso la meta:			

¡El mejor plan es inútil si no se realiza correctamente!

NOTAS sobre la sección de Acción:

¿Dónde hay una necesidad urgente de tomar medidas?
¿Qué voy a hacer?

Calculación:

Notas sobre:

CERRAMIENTOS

Plantillas de copia adecuadas para el uso diario para descargar

Estamos sedientos por obtener conocimiento pero nos estamos ahogando en información.

En el sitio web de Taschengeld Management® se pueden descargar plantillas de   copia sobre los siguientes temas de forma gratuita:

· Diario de Gastos para su bolsillo

· Visión general de gastos (mensual)

· Visión general de Ingresos (mensual)

· Mi plan de cancelación de deuda

· Mis compras/deseos/inversiones

· Presupuesto

· Situación financiera del juego HAMSTERRAD®

· Diario de deberes

· Breve información sobre el juego HAMSTERRAD®

· Breve información sobre el taller de juegos

Diario de Gastos para su bolsillo

Fecha	Cantidad	Que	Método de pago	Prioridad

Mis GASTOS

Prioridades: A = necesario, B = importante, C = agradable, D = innecesario

---

Fecha	Cantidad	Que	Método de pago	Prioridad

Mis GASTOS

Prioridades: A = necesario, B = importante, C = agradable, D = innecesario

plantillas de copia

Taschengeld Management Der nächste Schritt ®

Visión general de gastos (mensual)

GASTOS

Gasto actual / mes	Anual, urgente, necesidades extraordinarios	Presupuesto mensual	Prioridad
Gastos total/mes			

Visión general de Ingresos (mensual)

INGRESOS	Ingresos mensuales actuales	Pagos especiales	Presupuesto mensual	¿Ingresos seguros?
Ingresos totales del mes				

plantillas de copia

Taschengeld Management Der nächste Schritt!

www.taschengeld-management.de   © Copyright 2012 by Taschengeld Management - All rights reserved.

Mi plan de cancelación de deuda

Mi plan de reducción de deuda

Que deuda? Acreedor	Cantidad actual	Actual tasa de interés	Cuota mínima / mes	N° de cuotas / mes	Oferta del acreedor	Tasa de interés nuevo	Cuota / mes nuevo	N° de cuotas /mes nuevo	Orden de prioridad
Deudas/pagos mensuales									

Mis compras/deseos/inversiones

DESEOS/COMPRAS/INVERSIONES				
	¿El coste?	¿Cuándo?	Cantidad mensual para ahorrar	¿Necesario?
Reservas munsuales para las compras/inversiones:				

PRESUPUESTO

Presupuesto	Mensual	Anual	Exceso/ Insuficiente	Enero	Febrero	Marzo	Abril	Mayo	Junio	Julio	Agosto	Septiembre	Octubre	Noviembre	Diciembre
Gastos privados															
Alquiler (incl. calefacción)															
Gastos adicionales															
Electricidad															
Mantenimiento de los hijos															
Devolución															
Comida															
Ropa															
Peluquero															
Tef./móvil															
Seguro de responsabilidad															
Total private expenditure															
Deudas															
Compra del coche															
descubierto															
Dormitorio															
Tarjeta de crédito															
Total debts															
Total de deudas															
Ingresos															
Empleo															
Paga de vacaciones															
Bono navideño															
Pensión de los hijos															
Ingresos total															
TOTAL: Ingresos - Gastos - Deudas															

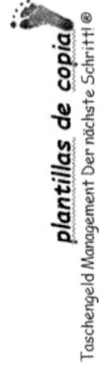

plantillas de copia
Taschengeld Management Der nächste Schritt!®

Situación financiera del juego HAMSTERRAD®

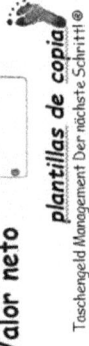

Meta del juego: Dinero efectivo =
ó x gastos mensuales
y no deudas

Nombre del jugador

HAMSTER RAD

Hucha
cuenta tiempo

500 € BONUS

INGRESOS

Salarios / sueldos
Trabajo adicional
Inmuebles
Negocios
Valores

Ingresos mensuales

GASTOS

Alquiler/gastos extras
Gastos diarios
Hipoteca
Crédito de coche
Crédito de consumo
Tarjetas de crédito
Otros gastos
Manutención

Gastos mensuales

Mensual disponible

BIENES

Inmuebles
Negocios
Valores

DINERO EFECTIVO

total BIENES

DEUDAS

Hipoteca
Crédito de coche
Crédito de consumo
Tarjetas de crédito
Sobregiros bancarios

total DEUDAS

Valor neto

Walter Berger

Diario de deberes

| Tarea | ¿Qué es lo que qiero hacer? ¿Qué quiero lograr? | ¿Por fecha? | Prioridad |

Fecha de cuando se puso la meta:

| Tarea | ¿Qué es lo que qiero hacer? ¿Qué quiero lograr? | ¿Por fecha? | Prioridad |

Fecha de cuando se puso la meta:

| Tarea | ¿Qué es lo que qiero hacer? ¿Qué quiero lograr? | ¿Por fecha? | Prioridad |

Fecha de cuando se puso la meta:

| Tarea | ¿Qué es lo que qiero hacer? ¿Qué quiero lograr? | ¿Por fecha? | Prioridad |

Fecha de cuando se puso la meta:

| Tarea | ¿Qué es lo que qiero hacer? ¿Qué quiero lograr? | ¿Por fecha? | Prioridad |

Fecha de cuando se puso la meta:

| Tarea | ¿Qué es lo que qiero hacer? ¿Qué quiero lograr? | ¿Por fecha? | Prioridad |

Fecha de cuando se puso la meta:

| Tarea | ¿Qué es lo que qiero hacer? ¿Qué quiero lograr? | ¿Por fecha? | Prioridad |

Fecha de cuando se puso la meta:

| Tarea | ¿Qué es lo que qiero hacer? ¿Qué quiero lograr? | ¿Por fecha? | Prioridad |

Fecha de cuando se puso la meta:

Breve información sobre el juego
HAMSTERRAD®

JUGAR = PRACTICAR PARA LA VIDA DIARIA

HAMSTERRAD® simula la realidad financiera.

Las decisiones financieras y las posibles consecuencias se ponen a prueba.

Sin llegar a invertir dinero, conocimientos y muchas experiencias las prácticas se imparten en un corto espacio de tiempo.

El juego permite aprender en un ambiente motivador y creativo.

Cada tirada de los dados exige decisiones inteligentes con el fin de dominar nuevos desafíos financieros.

Para más información sobre el taller de juego (que tenga lugar en Alemania) está disponible en www.taschengeld-management.de!

EXPERIMENTA - APRENDE - DESCUBRE

Taller de juego

75

Breve información sobre el taller de juegos

JUGAR = PRACTICAR PARA LA VIDA DIARIA

HAMSTERRAD® simula la realidad financiera.

Las decisiones financieras y las posibles consecuencias se ponen a prueba.

Sin llegar a invertir dinero, conocimientos y muchas experiencias las prácticas se imparten en un corto espacio de tiempo.

El juego permite aprender en un ambiente motivador y creativo.

Cada tirada de los dados exige decisiones inteligentes con el fin de dominar nuevos desafíos financieros.

Para más información sobre el taller de juego (que tenga lugar en Alemania) está disponible en www.taschengeld-management.de!

EXPERIMENTA - APRENDE - DESCUBRE

Taller de juego

SOBRE EL AUTOR

Walter Berger es el autor, inventor del juego, fundador y propietario de Taschengeld Management una iniciativa privada para la educación económica del consumidor.

"Con nuestra oferta, queremos ayudar a todos, de una manera práctica y comprensible para dar una orientación y visión general de las finanzas privadas de todos los días. Cada uno debe estar calificado para hacer las decisiones" correctas ". Este es un requisito previo importante con motivación para acciones significativas."

Walter Berger
Taschengeld Management
Florianiplatz 16
83435 Bad Reichenhall, Deutschland

www.taschengeld-management.de
info@taschengeld-management.de